KB200737

지은이 조정민

25년 동안 언론인으로 열정을 불사르며 기독교를 비판하던 저자는 생명의 길인 예수님을 만난 후 사랑의 공동체에 대한 꿈을 품고 목사의 길로 들어서다. 그는 많은 종교적 방황을 통해서 예수님이 진리임을 확신하게 되었고, 이 시대가 받아들이고 이해할 수 있는 언어로 복음의 메시지를 전한다. 또 트위터, 페이스북, 유튜브 등을 통해 인생의 길을 잃은 사람들과 소통하고 있다.

저자는 MBC 사회부·정치부 기자, 워싱턴 특파원, 〈뉴스데스크〉 앵커, 보도국 부국장, iMBC 대표이사, 온누리교회 목사, CGNTV 대표를 역임했으며, 현재는 베이직교회 목사로 섬기고 있다. MBC 〈무한도전〉, KBS 〈아침마당〉, CBS 〈새롭게 하소서〉 등에 출연했으며, 강단과 매체에서 복음과 신앙의 본질을 전하는 데 힘쓰고 있다.

저서로 《Why Jesus 왜 예수인가?》, 《Why Pray 왜 기도하는가?》, 《사람이 선물이다》, 《예수는 누구인가?》, 《매일 기도》, 《교회 속 반그리스도인》(이상 두란노) 등이 있다.

베이직교회 www.basicchurch.or.kr
저자 트위터 twitter.com/ChungMinCho
페이스북 www.facebook.com/ChungMinCho

왜 예수인가?

| 소그룹 교재 |

왜 예수인가?

| 소그룹 교재

지은이 조정민
초판 발행 2025년 1월 2일
등록번호 제1988-000080호
등록된 곳 서울특별시 용산구 서빙고로 65길 38
발행처 사단법인 두란노서원
영업부 2078-3333 ^{FAX}080-749-3705 **출판부** 2078-3331

책값은 뒤표지에 있습니다.
ISBN 978-89-531-4995-3 03230

편집부에서 독자의 의견을 기다립니다.
tpress@duranno.com   http://www.duranno.com

두란노서원은 바울 사도가 3차 전도여행 때 에베소에서 성령 받은 제자들을 따로 세워 하나님의 말씀으로 양육하던
장소입니다. 사도행전 19장 8-20절의 정신에 따라 첫째 목회자를 돕는 사역과 평신도를 훈련시키는 사역, 둘째 세계
선교(TIM)와 문서선교(단행본·잡지) 사역, 셋째 예수문화 및 경배와 찬양 사역, 그리고 가정·상담 사역 등을 감당하
고 있습니다. 1980년 12월 22일에 창립된 두란노서원은 주님 오실 때까지 이 사역들을 계속할 것입니다.

왜 예수인가?

WHY

12 WEEKS   **소그룹 교재**   조정민 지음

JESUS

두란노

CONTENTS

들어가는 말

2020년, 코로나 팬데믹의 한복판에서 베이직교회는 온라인 새가족반을 시작했습니다. 기존 4주 과정을 12주로 확장하며 새로운 여정을 열었습니다. 새가족반으로 12주는 다소 부담스러운 시간이지만, 예수님을 알아가는 여정에 이 시간이 꼭 필요하다고 믿었기 때문입니다.

베이직교회는 새가족반이 단순히 교회의 등록 교인을 양성하기 위한 절차가 되기를 원하지 않았습니다. 예수님을 알지 못했던 분들에게 그분을 바르게 소개하고, 예수님을 믿는 신앙생활의 본질을 나누는 데 초점을 두었습니다.

지난 3년간 새가족반을 운영하며 다듬은 내용을 바탕으로 소그룹 교재를 만들었습니다. 《왜 예수인가?》의 각 챕터를 미리 읽은 뒤, 소그룹에서 나눔을 진행할 수 있도록 질문을 마련했습니다. 이 질문들은 신앙의 여정에서 반드시 한번은 고민하고 답해 보아야 할 것들입니다.

이 교재는 학습을 위한 자료가 아닙니다. 소그룹 모임은 한 사람이 일방적으로 가르치거나 배우는 시간이 아니라, 서로의 나눔을 통해 예수님을 믿는 신앙의 길을 함께 배우며 익히는 자리입니다. 형식적인 틀에 갇힌 종교생활을 넘어, 진정한 믿음의 길을 모색하는 데 이 교재가 유용하게 활용되기를 바랍니다.

예수님을 알아가는 기쁨이 모든 나눔 속에 풍성히 임하기를 기도합니다.

소그룹 교재 활용 팁

1. 모임에 참석하기 전에 《왜 예수인가?》의 해당 챕터를 개인적으로 미리 읽습니다. 또한 열두 개의 강의 영상이 유튜브에 업로드되어 있으니 참고해도 좋습니다.
   * 유튜브 검색: '조정민 왜 예수인가'

2. 모임 인원은 12명 이내, 모임 시간은 2시간을 넘지 않도록 조정하는 것이 좋습니다.

3. 교재에 실린 질문에는 정답이 없습니다. 자신의 경험과 지식을 다른 사람에게 강요하지 않도록 주의해 주십시오.

4. 인도자는 가르치는 역할을 하지 않습니다. '왜 예수인가?'라는 큰 질문에 대한 답을 함께 찾아갈 수 있도록 안내하는 안내자입니다. 모든 참여자가 골고루 나눌 수 있도록 돕고, 정답을 제시하기보다는 각자의 생각을 충분히 들어주십시오.

5. 12주 기간 동안 사복음서를 읽습니다. 성경에 기록된 예수님의 삶을 읽는 것보다 예수님을 더 잘 알 수 있는 길은 없습니다.
   * 이 책의 복음서 통독표를 활용하세요.

와이 지저스
12주 **복음서 통독표**

	SUN	MON	TUE	WED	THU	FRI	SAT
1	**OT**	OT	OT	OT	OT	OT	OT
2	**마태복음 1-2**	마태복음 3-4	마태복음 5-6	마태복음 7-8	마태복음 9-10	마태복음 11-12	마태복음 13
3	**마태복음 14-15**	마태복음 16-17	마태복음 18-19	마태복음 20-21	마태복음 22-23	마태복음 24	마태복음 25
4	**마태복음 26**	마태복음 27	마태복음 28	요한복음 1-2	요한복음 3-4	요한복음 5-6	요한복음 7-8
5	**요한복음 9-10**	요한복음 11-12	요한복음 13-14	요한복음 15-16	요한복음 17-18	요한복음 19-20	요한복음 21
6	**마가복음 1-2**	마가복음 3-4	마가복음 5	마가복음 6	마가복음 7-8	마가복음 9	마가복음 10-11
7	**마가복음 12-13**	마가복음 14	마가복음 15-16	요한복음 1-2	요한복음 3-4	요한복음 5-6	요한복음 7-8
8	**요한복음 9-10**	요한복음 11-12	요한복음 13-14	요한복음 15-16	요한복음 17-18	요한복음 19-20	요한복음 21
9	**누가복음 1**	누가복음 2	누가복음 3-4	누가복음 5-6	누가복음 7	누가복음 8	누가복음 9-10
10	**누가복음 11**	누가복음 12	누가복음 13-14	누가복음 15-16	누가복음 17-18	누가복음 19	누가복음 20-21
11	**누가복음 22**	누가복음 23	누가복음 24	요한복음 1-2	요한복음 3-4	요한복음 5-6	요한복음 7-8
12	**요한복음 9-10**	요한복음 11-12	요한복음 13-14	요한복음 15-16	요한복음 17-18	요한복음 19-20	요한복음 21

WEEK **1**

종교 이상

예수는 종교
그 이상이다

Meta-Religion

From **the Lecture**

오랫동안 교회에 다닌 사람들 중에는 교회 문화에는 익숙하지만 예수님과는 별 친분이 없는 사람도 있습니다. 예수가 누구인가에 집중하지 않으면 오히려 교회나 교회의 문화 그리고 교회 문화를 채우고 있는 형식과 내용에 집중하게 됩니다.

Q 왜 교회에 다니십니까?
　왜 신앙생활을 하십니까?

....

....

....

....

....

Q 종교와 신앙의 차이는 무엇이라고 생각하십니까?
　나는 종교인입니까, 신앙인입니까?

....

....

....

....

....

Into **the Life**

모든 통과의례에는 공통된 속성이 있습니다. 바로 과거와 단절되는 것입니다. 결혼이 혼자 살던 시절과 단절되는 통과의례인 것처럼 크리스천이 된다는 것은 예수님을 만나기 전의 나와 단절되는 것을 의미합니다.

Q 인생이 BC와 AD로 갈라진 경험이 있습니까?
내 인생의 'BC와 AD'에 대해 생각해 봅시다.

Be the Church

아직 예수님을 만나지 못했다면 가장 먼저 해야 할 일이 예수님을 만나는 일입니다. 예수님을 만나는 길은 다양합니다. 수많은 증언들이 있습니다. 그러나 누구나 예외 없이 만날 수 있는 길이 있습니다. 성경입니다. 목사도 교회도 다른 크리스천도 도움이 될 수는 있겠지만 그 어떤 도움도 성경의 권위에 비할 바가 아닙니다.

Q 왜 성경을 어렵다고 느끼십니까?

1) 분량이 너무 많다
2) 재미가 없다
3) 시간이 없다
4) 읽어봐도 무슨 말인지 모르겠다
5) 왜 읽어야 하는지 모르겠다

Q 매일 성경을 읽을 시간과 장소를 정해 봅시다.

참고 자료

다양한 성경 번역본을 참고할 수 있습니다.

새번역

대한성서공회에서 번역했습니다. '개역개정'을 어려워하는 성도들을 위해 많은 교회에서 개역개정 대신 채택하여 보고 있습니다. 히브리어, 헬라어 원문 번역에 충실하되 어려운 고어를 쉽게 풀었습니다.

현대인의 성경

생명의말씀사에서 번역했습니다. 히브리어, 헬라어 원문을 직역한 것이 아니라 영어 성경 'Living Bible'을 한국어로 번역한 것입니다. Living Bible 버전은 의역을 많이 한 성경이라는 점을 염두에 두면 좋겠습니다. 비교적 쉽게 번역되어 있기에 초등학생이나 청소년이 읽기에도 좋습니다.

우리말성경

두란노서원에서 번역했습니다. 북한과 통일되었을 때 북한의 지하교회 성도들과 함께 예배드리게 될 것을 염두에 두고 번역한 성경입니다.

유진 피터슨의 '메시지' 성경

이 시대의 문화와 언어로 쉽게 번역되었습니다. 의역을 넘어서 해석적 작업까지 반영된 번역입니다. 원문의 뜻을 현대인의 정서와 감성에 맞게 잘 살렸기에 '성경 옆의 성경'으로 불립니다. 개역개정이나 새번역과 함께 읽는다면 성경을 보다 입체적으로 이해할 수 있습니다.

노 마일리지

복음은 마일리지가
필요 없다

No Mileage

From **the Lecture**

일련의 종교적 조건을 충족하면 구원이 이루어지는 것이 아닙니다. 구원은 우리가 그런 결정을 하기 전에 이미 우리 모두에게 베풀어진 역사적인 사실입니다. 이 사실이 우리를 당혹스럽게 합니다. 내가 믿겠다고 결정하기도 전에 이미 구원이 베풀어졌고, 내가 어떤 수고와 노력도 하지 않았는데 이미 구원이 주어졌다는 것입니다. 이것이 곧 예수님의 실체입니다.

Q 내가 생각하는 구원의 조건은 무엇입니까?

....

....

....

....

....

Q 다음의 빈 괄호를 채워 보고, 구절의 의미에 대해서 생각해 봅시다.

"너희는 그 (   )에 의하여 (   )으로 말미암아 구원을 받았으니 이것은 너희에게서 난 것이 아니요 하나님의 선물이라 행위에서 난 것이 아니니 이는 누구든지 자랑하지 못하게 함이라"(에베소서 2:8-9).

Into **the Life**

내가 죽는다면 천국에 갈 것인가, 지옥에 갈 것인가? 천국에 간다면 퍼스트클래스(first class)에 앉을 것인가, 비지니스나 이코노미석에 앉을 것인가? 이처럼 종교는 세상과 마찬가지로 모든 것에 계급적 차별을 두는 데 익숙합니다. 그러나 하나님 나라에는 이 같은 계급적 차별이 없습니다. 예수님은 이 땅에 오셔서 하나님 나라를 선포하셨습니다. 노 마일리지(No Mileage), 노 크레딧(No Credit)을 선언하신 것입니다. 예수님이 "율법을 지켜서는 천국에 갈 만한 사람이 없다'고 했을 때 유대인들이 얼마나 분노했겠습니까? 그들은 "예수 네가 뭔데 우리의 마일리지를 아무 짝에도 소용없는 것으로 만드느냐"고 흥분했습니다. 만일 천국이 일종의 마일리지 시스템으로 가는 곳이라면 열심히 새벽기도하고, 열심히 헌신하고, 열심히 헌금해야 합니다. 그러나 천국은 오로지 예수님 안에 숨겨진 비밀입니다. 예수님은 이 비밀을 알려 주시기 위해, 하나님 나라를 주시기 위해 이 땅에 오셨습니다.

Q 일상에서 익숙하게 접하는 마일리지 시스템은 어떤 것이 있습니까?

Q 교회 안에서 발견되는 마일리지 시스템을 적어 봅시다.

Be the Church

이미 인정받은 사람은 인정받기 위해 애쓰는 사람과는 비교할 수 없는 삶을 삽니다. 기쁨이 비교가 되겠습니까, 열정이 비교가 되겠습니까, 헌신이 비교가 되겠습니까? 인정받기 위해 애쓰는 사람은 이미 인정받은 사람이 누리는 기쁨과 열정과 헌신을 절대 따라가지 못합니다. 그런데 우리는 이미 예수님의 인정을 받은 사람입니다. 예수님은 우리의 모습 그대로를 전적으로 인정해 주셨습니다. 우리가 자랑할 것은 하나님께 인정받기 위해 수고하고 노력해서 쌓아 놓은 마일리지가 아닙니다. 자격 없는 자에게 은혜를 베푸신 분을 자랑할 수 있을 뿐입니다.

Q 교회는 더 이상 마일리지가 필요 없는 사람들이 모인 곳입니다. 마일리지가 소용 없다면 봉사나 선행, 헌신, 헌금, 예배, 직분 등은 어떤 의미를 가질까요?

"우리가 아직 죄인 되었을 때에
그리스도께서 우리를 위하여 죽으심으로
하나님께서 우리에 대한 자기의 사랑을 확증하셨느니라"

로마서 5:8

자유

하나님을 만난 사람은
자유롭다

Freedom

From **the Lecture**

무엇이든 마음대로 하고 싶다는 욕구가 생긴다면 조심하십시오. 원하는 대로 마음껏 하는 것은 자유가 아닙니다. 그것은 점차 방종이 되다가 어느 순간 중독으로 연결됩니다. 자유롭기 위해 선택한 것에 우리는 얼마나 많이 중독되어 살아가는지 모릅니다. 얽매여 가고 있는지 모른 채 자유롭다고 착각하는 것이지요. 이처럼 자유롭고 싶다는, 마음대로 하고 싶다는 열망은 그와 정반대의 결과를 초래합니다. 오히려 자유를 앗아가고 나 스스로를 내 욕망의 노예로 전락시킵니다.

Q 무엇이든 마음대로 하고 싶은 욕구와 자유는 어떻게 다를까요?

"금기를 욕망하면 자유를 빼앗긴다."

Into **the Life**

우리가 신앙생활을 잘하고 있나 못하고 있나의 기준은 딱 한 가지입니다. 바로 내가 점점 더 자유해지고 있는가, 아니면 더 무거운 짐에 허덕이고 있나를 살펴보면 됩니다. 아직도 사람들의 인정과 사랑을 받고 싶어 하는가, 이제 그런 것들에서 자유로운가를 살펴보면 됩니다.

Q 자유를 바라고 한 일에 얽매여 자유를 잃어버린 경험이 있습니까?

....

....

....

....

....

Q 예수님을 만나고 경험한 자유가 있다면 이야기해 봅시다.

....

....

....

....

....

Be the Church

왜 예수 그리스도입니까? 우리의 자유(Freedom)는 'Freedom to God' 입니다. 즉 하나님께로 향한 자유가 진정한 자유입니다. 그 자유를 경험할 때 우리는 세상 모든 것들로부터 풀려나게 됩니다. 그러면 내가 돈을 많이 벌어도 좋고, 못 벌어도 좋고, 건강해도 좋고, 병이 들어도 좋고, 사람들이 알아줘도 좋고, 전혀 몰라도 좋습니다. 젊은이들이 흔히 "부러우면 지는 것"이라고 하는데, 진짜 크리스천은 부러운 것이 없는 사람입니다. 예수님 안에서 날마다 더 자유해지기 때문입니다.

Q 누가복음 15장 11-32절을 묵상해 봅시다. 이 본문과 연결하여 하나님으로부터의 탈출(Escape from God)과 하나님께로 향한 자유(Freedom to God)의 의미를 어떻게 정리해 볼 수 있을까요?

"너희가 내 말에 거하면
참으로 내 제자가 되고 진리를 알지니
진리가 너희를 자유롭게 하리라"

요한복음 8:31-32

기쁨

예수님이 흘러넘치면
기쁨의 삶을 산다

Joy

From **the Lecture**

기쁨은 영어로 'JOY'입니다. 나는 JOY를 'Jesus Overflows You'라고 새롭게 의미를 부여하려 합니다. 예수님이 우리 안에 흘러넘치는 것입니다. 인생에는 예수님이 아니어도 기쁜 일이 많습니다. 지난날 내가 술을 마신 것은 그것이 기뻤기 때문입니다. 나는 직장에서 승진도 해봤고, 주식 투자로 돈을 벌기도 하면서 순간순간 기뻤습니다. 많은 사람들과 어울려 여러 가지 잡기에 빠져서 기쁨을 맛보고 즐겼습니다. 그러나 돌아보면 그 즐거움은 정말 값싼 기쁨이었습니다. 너무 값싸기 때문에 너무 쉽게 빠져들었다는 생각이 듭니다. 그런 점에서 우리는 하찮은 기쁨에 만족하는 습관을 버릴 필요가 있습니다. 인생의 기쁨을 새롭게 할 필요가 있습니다. 예수님은 우리 인생에 전혀 다른 차원의 기쁨을 제공하는 분입니다.

Q 살면서 가장 오래 유지되었던 기쁨 세 가지, 지속시간이 가장 짧았던 기쁨 세 가지를 생각해 봅시다.

....

....

....

Q 기쁨과 쾌락의 차이를 어떻게 정의할 수 있을까요?

....

....

....

Into **the Life**

우리가 추구하는 것들은 사실 사랑의 대용품입니다. 우리가 추구하는 모든 즐거움이나 쾌락의 대상은 진정한 기쁨의 대용품들인 것입니다. 가짜는 진짜와 비슷할 뿐 진짜가 아닙니다. 그러므로 기쁨의 차원을 높이기로 결단하십시오. 싸구려에 만족하지 마십시오. 우리가 죽을 때 가지고 갈 수 없는 것들에 만족하지 마십시오. 사람의 시신은 캐딜락을 타고 갈 수도 있고, 낡은 장의차를 타고 갈 수도 있지만 시신을 처리하는 방법은 두 가지입니다. 땅에 묻거나 불에 태우거나 둘 중의 하나입니다. 이 세상에서 얻은 부와 명예, 지위 어느 것도 가져갈 수 없습니다.

크리스천은 오늘 밤 죽을 수 있다는 마음으로 하루하루를 사는 사람들입니다. 오늘 밤이라도 생명의 주인이 도로 거두어 가실 수 있음을 알기 때문입니다. 우리가 죽음에 대한 생각을 분명히 해야 삶도 분명해집니다. 죽음이 목전에 있는 사람은 버킷리스트(bucket list)가 바뀌고, 시간표가 바뀌고, 우선순위가 바뀌게 됩니다. 죽음을 바르게 의식할 때 비로소 이생의 삶이 달라집니다. 그렇게 인생이 달라지면 더 이상 낮은 차원의 쾌락에 몸을 맡기지 않습니다.

Q 예수님 대신 내 안에 흘러넘치는 것들이 무엇인지 생각해 보고, 예수님으로 흘러넘치는 기쁨은 무엇인지에 대해 나누어 봅시다.

[　　　　　　　　　] Overflows You.

1. 돈   2. 사람들의 인정   3. 지식   4. 경력   5. 설교   6. 취미   7. 정죄/판단
8. 걱정/염려   9. 사역   10. 미디어   11. 점괘(타로, 운세 등)   12. 기타

Be the Church

하나님은 우리에게 자신을 주시고자 할 뿐입니다. 눈에 보이는 물질이나 당장에 만족스런 명예나 지위를 주시는 것이 목적이 아닙니다. 그런데 우리는 대단한 것을 하나님께 드려 하나님을 기쁘시게 한 뒤, 그보다 더 대단한 것을 돌려받고 싶어 합니다. 하나님은 우리 한 사람 한 사람으로 만족하시는데, 우리는 하나님 한 분으로 만족하지 못하는 것입니다. 하나님 한 분으로 만족하지 못하기 때문에 교회를 다니면서도, 성경을 읽으면서도 힘 있는 사람들 뒤에 줄을 서려 하고, 더 많이 가지려고 욕심을 부리고, 더 높은 곳에 이르려고 눈을 부라리며 사람들과 경쟁합니다.

예수님이 나를 얼마나 사랑하셨으면 십자가에 피 한 방울 남기지 않고 쏟았는가를 묵상하십시오. 가슴이 미어지는 사랑이 차오를 것입니다. 그러면 그 어떤 것에도 목마르지 않게 됩니다. 하나님은 세상의 어떤 것과도 비교할 수 없는 기쁨을 우리에게 주시고자 합니다. 그것이 우리를 향한 하나님의 뜻입니다. 우리가 항상 기뻐하는 것이 하나님의 영원한 기쁨입니다.

Q 예수님이 내 안에 흘러넘친다(Jesus Overflows You)는 개념이 우리 일상의 모든 기쁨에 대한 어떤 관점을 제공합니까?

....

....

....

....

....

사랑과 권력

권력 의지를 버리고 사랑의 길을 가라

Love and Power

From **the Lecture**

우리가 선과 악을 판단하기 시작하면 반드시 정죄하게 됩니다. 내가 옳고 네가 틀렸다는 자기 중심적인 주장을 하게 되는 것입니다. 더구나 힘을 가졌다면 폭력을 사용해서라도 나의 옳음을 관철하려 듭니다. 우리가 옳고 그름을 판단할 때는 이미 내가 옳다고 생각하는 쪽으로 끌고 가고자 하는 의지가 생깁니다. 이것이 권력 의지입니다. 권력 의지는 정치인들만 갖는 것이 아닙니다. 우리가 살아가는 모든 곳에 보편적으로 존재합니다. 가정이나 친구 사이, 심지어 교회에서도 나타날 수 있는 현상입니다. 죄인들이 있는 곳마다 그런 현상들이 나타납니다. 남보다 더 인정받고 싶고, 높은 자리에 앉고 싶고, 지시를 받기보다 지시를 내리는 자리에 앉기를 원합니다. 이 욕구가 권력 의지이고, 죄의 길입니다. 권력 의지로는 인간의 문제를 본질적으로 해결할 수 없습니다.

Q 우리 일상에서 쉽게 경험할 수 있는 권력 현상은 무엇입니까?

Into **the Life**

십자가 사건은 예수님이 능력이 없어서가 아니라 능력이 무한하지만 스스로 무장해제해 버린 사건입니다. 세상 사람은 능력이 있으면 권력을 잡고 높은 자리에 앉아서 지시하고 통제하려 하지만, 예수님은 그와 정반대의 길을 선택하심으로써 죄 문제를 해결하셨습니다. 권력 의지는 끝없는 상향 욕구를 불태우지만 십자가는 끝없이 하향을 지향합니다. 제자들이 보기에는 얼토당토않은 길이었습니다. 그러나 예수님은 십자가의 길만이 문제 해결을 위한 유일한 처방임을 가르치고 보이셨습니다. 예수님은 십자가에서 "다 이루었다"고 표현하셨습니다. 인간의 권력 의지에 쐐기를 박았다는 뜻입니다. 그래서 그분을 만난 사람은 더 이상 권력을 지향하지 않습니다. 그분을 만난 사람은 더 이상 사람을 지배하고 압박하고 다루려 하지 않습니다. 이런 곳이 바로 천국입니다. 더 이상 권력 의지가 작동하지 않고 사랑이 가득한 가정이 천국입니다. 더 이상 서로 힘겨루기 하지 않는 곳이 있다면 그곳이 바로 천국입니다.

Q 예수님이 왕이 되어서 로마의 압제로부터 이스라엘을 해방시켜 주시기를 기대했던 사람들이 많이 있었습니다. 왜 예수님은 왕이 되지 않으시고, 십자가에서 무기력하게 죽는 편을 선택하셨을까요?

Q 내 안에 도사리고 있는 권력 의지는 무엇입니까?

Be the Church

종교는 정치보다 더 무서운 권력일 수 있습니다. 종교적 열심 속에는 사람과 상황뿐만 아니라 하나님조차 나 중심적으로 끌고 가고자 하는 의지가 숨어 있기도 합니다. 권력 의지가 꺾이지 않는다면 사랑과 섬김이라는 이름으로 파워게임을 벌이게 되고, 사람들은 바깥세상과 다를 바 없는 세상을 교회 안에서 경험하게 될 뿐입니다. 교회는 세상이 가지 않는 길을 힘써 가는 곳입니다. 만일 교회에 와서도 대접받고 싶고, 인정받고 싶고, 높은 자리에 앉고 싶다면 교회에 와도 여전히 세상의 길을 걷고 있는 것입니다. 교회는 십자가 위에 세워진 공동체입니다. 권력의 길로 갈 수 있고 그럴 능력이 충분하지만, 그 길로부터 돌이켜 사랑의 길, 십자가의 길을 걷기로 결정한 사람들이 모인 공동체가 교회입니다. 예수님은 이런 공동체를 만들기 위해 이 땅에 오셔서 십자가를 지셨습니다.

Q 이번 주에 내가 포기해야 할 권력 의지와 내가 선택해야 할 사랑의 길에 대해 나누어 봅시다.

죄

판단을 버리고 분별함으로
죄에서 벗어나라

Sin

From **the Lecture**

SIN, 즉 죄는 자기 중심성(Self-Interested Nature)이라 할 수 있습니다. 인간이 자신에게 몰입하다가 자기밖에 모르는 상태가 되는 것입니다. 선택과 판단의 저변에 깔린 인간의 자기중심적 본성은 개인의 삶 뿐만 아니라 인류 전체를 위기로 내몰고 있습니다. 창세기 2장의 선악과 사건은 인간이 어떻게 나 자신을 선악의 기준으로 삼게 되었는지에 대한 이야기입니다. 옳고 그름을 판단하는 자리에서 하나님을 끌어내리고 인간 자신이 그 자리를 넘본 것입니다. 옳고 그름으로 바라보기 시작하면 세상은 한순간에 지옥이 되고 맙니다. 자기 중심적 본성을 가진 인간이 자신을 기준으로 옳고 그름을 판단하게 되면 나와 같은 게 하나도 없는 세상이 견딜 수 없어지는 것입니다.

Q 내가 죄인이라는 사실을 인정하십니까?

....

....

....

Q 죄란 자기중심성(Self-Interested Nature)입니다. 인간이 자기중심적으로 판단해서 발생하는 문제는 무엇입니까?

....

....

....

Into **the Life**

오늘날 교회를 다니는 사람들은 술 담배 안 하고, 바람 안 피우고, 헌금 좀 하면 좋은 크리스천으로 산다고 생각합니다. 예수님이 동의하실까요? 크리스천들끼리 걸핏하면 서로 시빗거리를 만들고 험담하며 고소한다면 예수님이 이들도 내 제자라고 감싸 주시겠습니까? 예수님 당시의 바리새인들이 오늘날 우리와 똑같았습니다. 바리새인은 스스로 하나님을 너무나 사랑하고, 율법을 잘 지키고, 옳은 삶을 산다고 믿었습니다. 그래서 자기처럼 살지 않는 사람들을 판단하고 비난하고 정죄했습니다. 우리가 교회를 잘못 다니면 이제 내가 남다른 의인이 된 줄 알고 이웃을 판단하고 정죄하면서 더 심각한 죄를 키웁니다.

Q 자기중심성의 문제를 어떻게 해결할 수 있을까요?

Q 구원을 받은 사람이 여전히 죄를 짓는 이유는 무엇이라고 생각하십니까?

Be the Church

구원이란, 내가 죄인이라는 사실에 통감하고 예수님이 그 죄를 해결하셨음을 믿음으로 받아들이는 것입니다. 그래서 더 이상 예전과 같이 판단자의 자리에 앉지 않는 것이 구원입니다. 사람을 판단하지 않는 훈련이 성화의 과정입니다. 이 세상에서 가장 크고 위대한 자유는 판단으로부터 자유로워지는 것입니다.

Q 신앙생활조차도 자기중심적으로 할 수 있습니다. 예수님 중심으로 산다는 것은 무엇일까요?

은혜

은혜를 경험하면
사랑밖에는 할 수 있는 게 없다

Grace

From **the Lecture**

십자가 사건은 은혜의 사건입니다. 십자가에 달려 있어야 할 사람은 바로 나입니다. 내가 그 자리에 못 박혀야 하는데 예수님이 대신 못 박히셨다는 것을 깨닫는 게 바로 죄와 은혜를 동시에 깨닫는 것입니다. 나 대신 십자가를 지신 이유가 나를 사랑하기 때문이라는 사실을 깨닫는 순간, 우리는 자기중심성(Self-Interested Nature)이라고 불리는 죄로부터 자유롭게 됩니다. "의인을 위하여 죽는 자가 쉽지 않고 선인을 위하여 용감히 죽는 자가 혹 있거니와 우리가 아직 죄인 되었을 때에 그리스도께서 우리를 위하여 죽으심으로 하나님께서 우리에 대한 자기의 사랑을 확증하셨느니라"(롬 5:7-8).

Q 아무런 대가 없이 도움을 주거나 받은 적이 있나요?

....

....

....

....

....

Into **the Life**

예수님이 우리의 죄 문제를 은혜로 해결해 주셨습니다. 우리가 이 은혜를 믿음으로 받아들이는 것이 구원입니다. 그러므로 은혜도 언약도 구원도 영생도 다 일방적입니다. 우리가 할 수 있는 일이 없습니다. 우리에게 은혜로 주어진 모든 것을 그냥 누리는 것이 신앙생활입니다. 은혜를 경험하지 못한 사람은 누리지 못하고 의무감에 얽매여서 종교생활을 하게 됩니다. 이를 악물고 기도하고 헌금하고 봉사하고 성경 보는 것은 종교 행위이지 신앙생활이라고 하기 어렵습니다. 거기에는 기쁨이 없기에 쉽게 지칩니다. 자녀가 대학에 떨어지고 내가 병에 걸리고 남편이 직장을 잃으면 못 버티고 나가떨어집니다. 그러나 은혜를 경험한 사람은 더 이상 부족감에 시달리지 않습니다. 받은 게 많다는 것을 알기에 더 이상 바랄 것이 없습니다.

Q 율법과 은혜는 어떤 관계에 있다고 생각하십니까?

....

....

....

Q 은혜를 경험하고도 의무감에 얽매이는 이유는 무엇일까요?

....

....

....

Be the Church

말씀을 읽어도 은혜로 읽어야 하고, 말씀을 들어도 은혜로 들어야 하며, 사람을 봐도 은혜의 눈길로 쳐다봐야 합니다. 하나님의 일이든 맡겨진 세상의 일이든 또 공부든 사업이든 무엇이건 은혜로 해야 합니다. 이 은혜가 가정에서, 교회에서, 직장에서 흘러넘쳐야 이 세상이 변화될 수 있습니다. 은혜는 어디에서 옵니까? 십자가입니다. 십자가가 은혜의 수원지입니다. 십자가에서 흘러나온 은혜는 믿음이라는 수도관과 수도꼭지를 통해 들어와서 나를 차고 넘치게 하고 다시 세상으로 흘러갑니다. 그런데 내 수도꼭지가 잠겨 있으면 은혜가 들어올 수도 없고, 세상으로 흘러갈 수도 없습니다. 그러므로 수도꼭지를 잠그지 말고 열어 놓으십시오. 은혜의 물은 마르지 않는 생수이므로 조금도 아까워할 게 없습니다.

Q 내가 받은 은혜가 권리가 아니라는 것을 기억하기 위해서 나는 어떻게 해야 할까요?

고난

고난이 해석되면
더 이상 두렵지 않다

Suffering

From **the Lecture**

이 세상에서 고난 없는 인생은 없을 것입니다. 지금까지 단 한 번도 슬퍼 본 적이 없다는 인생도 없을 것입니다. 인생과 떼려야 뗄 수 없는 것이 고난이지만, 그것이 고통스럽기에 되도록이면 떼어놓고 살고 싶습니다. 그러나 고통은 하나님이 주신 선물입니다. 하나님이 주신 귀한 생명을 지키라고 고통을 주셨습니다. 한센병은 신체의 일부가 손상되어도 고통을 느끼지 못하다가 결국 손과 발을 잃거나 목숨이 위험한 상황까지 가게 되는 병입니다. 고통이 있어야 생명이 생명다워지는 법입니다. 따라서 생명이 선물이듯 고통도 선물입니다. "고난 당한 것이 내게 유익이라 이로 말미암아 내가 주의 율례들을 배우게 되었나이다"(시 119:71).

Q 살면서 겪은 고난의 시간들에 대해 생각해 봅시다. 나는 특히 어떤 종류의 고난을 힘들어하며, 실제로 어떤 어려움이 있었습니까?

경제적 어려움 / 건강상의 어려움 / 가정의 문제 / 관계의 문제 / 외로움과 고독 / 업무 스트레스 / 영적인 문제 / 자존감과 열등감 등

Into **the Life**

예수를 믿는다고 고난이 면제되는 것이 아닙니다. 고난은 계속될 것입니다. 더 큰 고난이 올 수도 있습니다. 그러나 중요한 것은, 그 고난을 능히 감당할 수 있는 능력을 주님이 주신다는 것입니다. 그게 신앙의 힘입니다. 그래서 저 정도의 고난이면 넘어져야 하는데, 저 정도면 코를 땅에 박고 일어나지 못해야 하는데 다시 일어납니다. 넘어지는 게 실패가 아니라 넘어졌는데 일어나지 않는 게 실패입니다. 또한 신앙은 고난을 해석하는 지혜입니다. 고난이 해석되면 이미 고난은 고난이 아닙니다. 고난이 해석되면 윈드 서퍼(wind surfer)가 파도를 즐기는 것처럼 고난(suffering)을 즐길 수 있습니다. 파도가 끝이 있겠습니까? 고난 끝에는 또 다른 고난이 온다는 것도 예견하십시오. 이 땅에서 살아가는 동안 고난은 끝이 없습니다. 그러나 고난이 해석되면 고난 때문에 쩔쩔매고 투정부리지 않습니다. 오히려 감사하며 신앙의 여정을 가볍고 기쁘게, 때로는 누군가의 짐을 대신 져 주면서까지 걸어갈 수 있습니다.

Q 고난이 유익이 된 경험이 있습니까?

Q 나에게 고난이란   다.

Be the Church

왜 예수입니까? 고난받는 하나님이시기 때문입니다. '고난받는 하나님'은 우리의 상식으로는 이해하기 힘듭니다. 신이 나 대신 고난받는다는 말은 어떤 종교에도 없습니다. 다른 신은 다 고고하고 초월적인 존재이며, 그 신들에게 다가가려면 우리는 뭔가를 해야 합니다. 고행 또는 수행과 더불어 신에게 인정받기 위해서 무언가를 끊임없이 해야 합니다. 그런데 예수님은 그렇지 않습니다. 하나님이셨던 그분은 인간의 역사 속으로 직접 들어오셨고, 나와 같은 인간이 되셔서 인간이 겪는 모든 고난을 직접 맛보셨습니다. 고통받는 나를 이해하실 뿐만 아니라 죄로 인한 고난의 짐을 대신 짊어지셨습니다.

Q 자기계발을 위해서 인고의 시간을 가지는 것과 예수님이 겪으신 고난은 어떻게 다릅니까?(이사야 53:3-6 참고)

....

....

....

Q 사랑하기 때문에 고난을 자처한 적이 있습니까?

....

....

....

거듭남

거듭나면 인생이
완전히 달라진다

Regeneration

From **the Lecture**

임신하면 처음에는 그 사실을 잘 모르다가 입덧이 시작되면서 임신 사실을 알게 됩니다. 입덧은 태중에 새 생명이 잉태되었다는 대표적인 증거입니다. 입덧을 하면 내가 평소 즐기던 것들이 이상하게 안 받기도 합니다. 크리스천이 된다는 것은 성령이라는 새 생명이 내 안에 잉태되었다는 뜻입니다. 내 안에 성령이 계시다는 것을 어떻게 알 수 있습니까? 내 욕심과 이기심을 위하는 행동들과 나 중심적 가치관에 대한 거부감이 입덧처럼 찾아옵니다. 이전에 없던 죄책감이나 죄의식이 생깁니다. 이로부터 인생 전체를 돌이키는 회개가 시작됩니다. 죄책감이나 죄의식은 매우 중요한 사인입니다. 이 신호를 계속 무시하다가 우리 안에 잉태된 새 생명이 유산되기도 합니다.

그런데 임신도 안됐는데 임신한 줄 알고 사는 사람도 있습니다. 상상 임신입니다. 남들이 찬양하면 같이 손들고 찬양하고, 남들이 울면 같이 울고, 이상한 방언도 배워서 합니다. 증세는 비슷해도 열매가 없어서 산달이 됐는데도 아기가 안 나옵니다. 임산부들과 다니니까 자신도 임신한 줄로 착각하는 것입니다.

Q 다시 태어날 수 있는 기회가 한 번 주어진다면 어떤 삶을 원하십니까?

Q 성경은 거듭남을 어떻게 말하고 있습니까?(요한복음 3장 참고)

Into **the Life**

예수님은 우리를 거듭나게 하기 위해서 오신 분입니다. 거듭나면 그 때부터 진정한 나로 살기 시작합니다. 이전까지는 사람들의 눈치를 보며 살았습니다. 입고 먹고 쓰고 하는 모든 욕구를 사람들이 하는 대로 따라했습니다. 사람들이 원하는 것을 나도 원했습니다. 하지만 거듭나면 사람들의 시선과 생활방식에서 자유로워집니다. 자유롭다 고 훌랑 벗고 다닙니까? 자유롭다는 것은 평범하게 살아도 아무 문 제가 없다는 의미입니다. 사람들과 같아지거나 그들보다 더 튀어야 직성이 풀리던 예전의 내가 지극히 평범한 생활을 즐기게 되는 것입 니다. 무슨 일을 하건 사람들에게 인정받고 싶고, 사람들에게 내 영 향력을 과시하고 군림하고 싶었던 내가 더 이상 사람들의 시선에 목 마르지 않습니다. 왜 그렇습니까? 그분이 나를 알아주시기 때문에 사람들이 알아주지 않아도 괜찮은 것입니다. 그래서 지극히 평범한 것이야말로 놀라운 영성입니다.

Q 거듭난 이후 삶이 어떻게 변했습니까?

Be the Church

거듭남을 진지하게 생각하지 않으면 크리스천은 가장 악독한 위선자가 됩니다. 뿌리 깊은 우리의 죄성을 들여다보지 않고, 회개를 통해 거듭나지 않으면 우리는 가장 골치 아픈 종교인이 되고 맙니다. 우리는 예수님을 통해 반드시 날마다 거듭남을 경험해야 합니다. 어제처럼 살지 않도록 기도하며, 오늘 새 생명을 받은 걸 감사하며 새로 시작해야 합니다. 거듭나면 더 이상 나를 내세우지 않습니다. 내 안에 예수 그리스도가 사시기 때문입니다.

Q 거듭남으로 생긴 변화가 지속되고 있습니까?

제자

세상의 리더가 아니라
예수님의 제자가 돼라

Follower

From **the Lecture**

나의 트위터 팔로어 수는 17만 명이 넘었습니다. 하지만 그들은 내가 올린 글이 마음에 안 들면 즉시 돌아서서 언팔로어가 됩니다. 하루에 언팔로어 수가 수백 명에 이를 때도 있습니다. 도대체 이 팔로어의 정체는 무엇일까, 혼자서 실소할 때가 있습니다. 팔로어보다 충성심에서 한 차원 더 높은 사람들을 팬(fan)이라고 부릅니다. 팬들은 유명 스타를 기를 쓰고 쫓아다닙니다. 왜냐하면 나를 만족시키니까 그렇습니다. 내 호기심을 만족시키고 내 기호를 만족시키고 내 성향과 부합하니까 열심히 쫓아다닙니다. 하지만 예수님을 좇는 팔로어는 그런 존재가 아닙니다.

Q 인생의 롤모델이 있습니까? 아니면 닮지 말아야겠다며 타산지석 삼은 사람이 있습니까?

....

....

....

Q 팬과 제자는 어떤 점이 비슷하고, 어떤 점이 다릅니까?

....

....

....

Into **the Life**

사람들은 권력가와 재력가를 좇습니다. 그것도 충성을 다해 좇습니다. 그들을 대신해 감옥에 갈 각오로 좇습니다. 물론 먹고살 일은 보장을 받지요. 그러니까 권력가와 재력가를 목숨 바쳐 좇는 이유는 돈 때문인 것입니다. 만일 감옥까지 갔는데 먹고살 돈을 주지 않으면 그때부터 전쟁이 납니다. 어제까지 충실한 개로 살다가 오늘은 그들을 죽이려 드는 저격수가 되는 것이지요. 예수님은 자기를 따르면 먹고사는 문제를 책임져 주겠다고 하지 않으십니다. 오히려 자기 십자가를 지고 따르라고 하십니다. 자기를 죽이고 따르라고 하십니다. 이것이 예수님과 세상이 다른 점입니다. 그러므로 우리는 이 점을 분명히 알고 그분을 따라야 합니다.

Q 가족을 버리면서까지 예수님을 따랐던 제자들이 왜 예수님을 버렸을까요?

....

....

....

....

....

Be the Church

예수님을 따르기로 결단하십시오. 사람을 따라가면 어느 날 상처받고 배신당하게 마련입니다. 그러나 예수님을 따르면 배신당할 일이 없습니다. 실망할 일이 없습니다. 상처받을 일이 없습니다. 어떤 동기로 예수님을 따르기로 결단하건 믿음 안으로 점점 걸어 들어가기만 하면 놀랍고도 경이로운 예수님이 우리를 맞이하십니다. 그리고 이해할 수도 없고 용납할 수도 없는 인생의 부조리가 이해되고 용납됩니다. 그동안 살면서 배배 꼬였던 인생의 문제들이 가닥가닥 풀리기 시작합니다. 이것이 예수님을 따라갈 때 우리가 겪게 되는 놀라운 복입니다. 예수님을 따르기로 한 사람들이 모인 곳이 교회입니다. 자기를 따르도록 유인하는 사람을 조심하십시오. 목사조차도 예수님을 따라야 할 뿐입니다. 다시 한 번 묻습니다. 여러분은 지금 누구를 따라가고 있습니까?

Q "나를 따르라" 하시는 예수님의 목적과 내가 예수님을 따르고자 하는 목적은 얼마나 일치하고 있습니까?

"나는 선한 목자라
선한 목자는 양들을 위하여 목숨을 버리거니와
삯꾼은 목자가 아니요 양도 제 양이 아니라"
요한복음 10:11-12

십자가

세상을 이기는
유일한 비밀병기

The Cross

From **the Lecture**

한 판사가 교통 사고를 낸 피고인에게 벌금 200불을 선고했습니다. 그런데 벌금을 선고한 판사가 주섬주섬 법복을 벗고 내려와서 자신이 피고인을 대신해서 200불을 지불했습니다. 알고 보니 판사는 피고인의 아버지였습니다. 부모가 자식의 책임을 대신 진 것입니다. 심판을 통한 정의와 자식에 대한 아버지의 사랑이 동시에 실현되었습니다. 십자가란 일방적으로 약속을 어긴 인간을 위해 하나님이 벌금을 문 사건입니다.

Q 십자가는 사형 도구였습니다. 그런 십자가가 왜 교회의 상징이 되었을까요?

Into **the Life**

마땅히 내가 달려 있어야 할 그 십자가에 예수님이 달려 있음을 깨닫고 나면 말할 수 없는 은혜에 눈물이 흐릅니다. 이때 우리의 신앙은 송두리째 흔들리는 지진을 경험하게 됩니다. 우리는 그 십자가를 늘 묵상하며 살아야 합니다. 예수님은 나를 따라오려거든 자기 십자가를 지고 따라야 한다고 하셨습니다. 십자가를 날마다 지지 않으면 그 십자가보다 더 무거운 세상을 짊어지게 됩니다. 십자가를 지는 것은 세상이라는 거대한 괴물로부터 자유해지는 유일한 길입니다. 또한 십자가는 기쁨으로 져야 합니다. 십자가가 부담이 되어 버리면 사람이 아주 독해집니다. 예수님은 "내 멍에는 쉽고 내 짐은 가벼움이라"(마 11:30)고 하셨습니다. 우리가 십자가를 지겠다고 나서면 예수님이 같이 짊어 주십니다. 가볍게 해 주십니다.

Q 예수님은 "누구든지 나를 따라오려거든 자기를 부인하고 자기 십자가를 지고 나를 따를 것이니라"(마 16:24)라고 말씀하셨습니다. 나는 이 말씀에 어떻게 반응하고 있습니까?

Be the Church

교회는 우리가 십자가를 지러 오는 곳입니다. 십자가를 구경하러 오는 곳이 아닙니다. 십자가를 구경할 생각이면 집에 걸어두면 되겠지요. 교회는 십자가를 지신 예수님을 발견하는 곳이고, 그분을 만나서 내가 십자가를 져야 할 이유를 깨닫는 곳입니다. 그리고 그분과 함께 십자가를 질 때 오는 영광을 바라보는 곳입니다.

Q 나를 위해 십자가를 지신 예수님을 묵상하는 시간을 한 주간 가져봅시다. 다음 구절을 찾아서 묵상합니다.

1. 로마서 5:8

2. 로마서 8:35-39

3. 요한일서 4:10-11

4. 히브리서 12:1

5. 갈라디아서 6:14

6. 빌립보서 2:5-8

7. 마가복음 10:45

"내가 그리스도와 함께 십자가에 못 박혔나니
그런즉 이제는 내가 사는 것이 아니요
오직 내 안에 그리스도께서 사시는 것이라
이제 내가 육체 가운데 사는 것은
나를 사랑하사 나를 위하여 자기 자신을 버리신
하나님의 아들을 믿는 믿음 안에서 사는 것이라"

갈라디아서 2:20

부활

우리는 부활해서
다시 만날 것이다

Resurrection

From **the Lecture**

왜 예수입니까? 왜 굳이 예수여야 합니까? 착하게 살기 위해서입니까? 도덕적인 삶을 살기 위해서입니까? 공자의 일생을 배우고 따라도 착하고 인격적이며 훌륭한 사람으로 살 수 있습니다. 붓다에게서 인생을 배워도 물욕을 초월하는 삶을 살 수 있습니다. 우주와 내가 하나되는 범아일여(梵我一如)의 영적 엑스터시(ecstasy)도 경험할 수 있습니다. 어떤 종교에도 다 이런 것들이 있습니다. 그런데 중요한 건 부활이라고 하는 마지막 키워드에 있습니다. 신앙을 가진다는 건 아침 안개 같은 인생에 묶여 아등바등하는 삶으로부터 자유하기 시작하는 것입니다. 그런 삶으로부터 자유해지는 키워드가 바로 부활입니다. 나는 예수를 믿게 된 게 부활 때문이었습니다. 부활이 없다면 예수님은 그저 4대 성인 중 한 사람에 불과합니다. 예수님이 무덤에 갇혔다면 공자나 독배를 마신 소크라테스와 다를 바가 없습니다. 예수님이 우리 죄를 대신해 십자가를 지시고 그저 무덤에 묻혀 버렸다면, 그는 지극히 의로운 사람으로 기억되었을 것입니다. 그런데 놀랍게도 예수님은 무덤에서 일어나 부활하셨습니다.

Q 기독교는 왜 안식일이 아니라 안식일의 다음 날을 주일이라고 부르며 예배를 드릴까요? 그 의미를 생각해 봅시다.

Into **the Life**

눈에 보이는 것이 전부라고 여기며 사는 사람들이 있습니다. 그들은 죽음이 끝이라고 생각합니다. 반면에 신앙인은 눈에 보이는 것은 잠시뿐이고 보이지 않는 것이 영원하다고 봅니다. 그래서 비신앙인과 신앙인의 차이는 죽음에 대한 태도에 있다고 볼 수 있습니다. 예수님의 부활은 죽음에 대한 인식을 송두리째 바꾸어 놓은 사건이며 죽음에 대한 사망선고입니다.

Q **나에게 죽음이란** [   ] **다.**

....

....

....

....

....

Be the Church

부활 신앙을 갖고 산다는 것은 무엇을 뜻합니까? 당장 신학교 가서 하나님의 일을 준비하라는 이야기가 아닙니다. 가족을 다 버리고 하나님의 일만 하라는 이야기도 물론 아닙니다. 지금 여러분이 하는 모든 일이 부활과 영원한 생명과 관련되도록 하라는 의미입니다. 그것이 우리 삶의 목적이 되도록 하라는 뜻입니다. 어떻게 내가 하는 이 일이 영원한 삶과 접속되게 할 것인가, 어떻게 내 일상이 영원한 삶과 관련되게 할 것인가, 이것이 우리 인생의 초점이 되어야 합니다. 그럴 때 우리 인생은 영원한 생명에 합당한 삶이 됩니다. 그러면 노래를 해도 의미가 있고, 연주를 해도 의미가 있으며, 사람을 만나도 의미가 있고, 가족의 밥상을 차려도 의미가 있습니다. 무슨 일을 하든지 영원한 생명에 접속되는 사건이 됩니다.

Q 부활 신앙은 오늘 내 삶에 어떤 의미가 있나요?

....

....

....

Q "왜 예수인가?" 어떻게 답하시겠습니까?

....

....

....

영원한 진리인
말씀을 따라가 보십시오.
우리 존재의 뿌리이고
생명의 근원이신
그분을 만나게 될 것입니다.